Ligue des Amis du Sionisme
TRACT N° 5

Une Renaissance juive en Judée

PAR

SYLVAIN LÉVI

Professeur au Collège de France

Précédée d'une Allocution prononcée par

M. F. GEORGES-PICOT

*Haut-Commissaire de la République en Palestine
et én Syrie*

PARIS
IMPRIMERIE DRIAY-CAHEN
17, RUE POISSONNIÈRE

Novembre 1918

Prix : 0 fr. 50

ALLOCUTION

Prononcée par M. F. GEORGES-PICOT,
Haut-Commissaire
de la République en Palestine et en Syrie,
le 29 Août 1918, au Comité d'Etudes sionistes.

MONSIEUR LE PRÉSIDENT,

Je vous remercie très vivement de m'avoir donné l'occasion d'exposer, devant les représentants de la Communauté Juive de France, les vues du Gouvernement en ce qui concerne la question du Sionisme. Beaucoup d'erreurs ont été dites à ce sujet, que je serais heureux de dissiper. Dans cette grande guerre où nous luttons pour la libération des peuples, pour la libération de tous ceux qui ont été opprimés, qu'ils soient ceux qui nous touchent de plus près au cœur comme les Alsaciens ou les Lorrains, ou les membres de nations alliées maintenus sous le joug: Italiens irredentes, Slaves, Polonais, Schleswicois, Arméniens ou Syriens, nous ne pouvons oublier les plus anciens persécutés sur la terre, et ne pas penser au Peuple Juif et aux réparations qui lui sont dues.

C'est là, Messieurs, le but qui a fait engager par la France, dès le commencement de l'année 1915, les entretiens avec ceux de vos correligionnaires qui, en Angleterre, s'occupaient de la question. Attaché, à cette époque, en qualité de Conseiller à l'Ambassade de France à Londres, je me suis trouvé l'instrument de ces pourparlers qui se sont poursuivis pendant les années 1915, 1916 et les débuts de 1917.

Le Gouvernement, constamment tenu au courant de leur progression, m'avait très vivement engagé à les poursuivre et, lorsque le moment vint où je fus désigné pour me rendre en Palestine avec l'expédition Alliée, j'entretins le Président du Conseil d'alors de la nécessité de donner enfin une formule concrète à ce qui n'avait été jusque là que des entretiens privés.

C'est alors que M. Sokolow, représentant des Communautés Israélites de Russie et d'Amérique vint à Paris et lut, le 20 avril 1917, la déclaration de M. Cambon qui stipulait que le Gouvernement Français voyait d'un œil favorable l'institution en Palestine d'un foyer Juif qui donnerait à tous les Israélites persécutés dans les nations où ils avaient fixé leur résidence, une terre de liberté où ils pourraient librement cultiver leurs aspirations et leurs idées.

C'est ainsi que, quelques mois même avant la déclaration Balfour du 2 novembre, le Gouvernement de la République, fidèle à ses traditions, donnait aux Juifs un gage certain et précis de l'intérêt qu'il portait à la cause Sioniste.

Depuis lors, l'idée a fait du chemin. La déclaration du Gouvernement Anglais à M. de Rothschild a eu un retentissement mondial et a fait entrer le Sionisme dans des voies nouvelles.

Mais j'ai été heureux d'entendre, de la bouche d'un représentant qualifié du Gouvernement Anglais, dans une réunion tenue récemment à Londres, la déclaration que jamais il n'eut pu obtenir, de la part de son Gouvernement, les engagements qu'il avait acquis, s'il n'avait pu, au cours de la délibération qui les avait précédés, sortir et présenter la déclaration faite par le Gouvernement Français.

Ainsi, une fois de plus, et dans une question de premier ordre, les Gouvernements libéraux de l'Entente se sont trouvés complètement et ardemment d'accord.

Ce qu'il importe de faire, Messieurs, ce que nous avons

voulu, ce n'est à aucun degré enlever aux Juifs de France qui, autant que tous autres, ont prouvé glorieusement, au cours de cette guerre, l'ardeur de leurs sentiments français; ce n'est dis-je, à aucun degré leur enlever une patrie. Ce serait pour nous une conséquence tout à fait regrettable du Sionisme s'il pouvait jeter le moindre soupçon sur la fidélité, sur l'ardeur que nous connaissons, des sentiments français des Juifs de France. Cela, nous ne le voulons pas. Ce que nous voulons, c'est assurer à ceux qui n'ont pas pu, dans les pays où ils ont établi leur résidence, à cause de préjugés du Moyen-âge, se créer une patrie; c'est assurer à ceux pour qui la terre maternelle a été une marâtre, qu'ils trouveront ailleurs ce qu'ils n'ont pu trouver dans le lieu d'élection où ils se sont établis.

Personne ne peut donc prévoir, Messieurs, ce que sera l'avenir du Sionisme. En forçant un peu ma pensée, je dirai volontiers que son succès serait la preuve de l'échec partiel des idées généreuses pour lesquelles nous faisons cette guerre. En effet, si vraiment nous arrivons à réaliser après cette terrible lutte, le but que nous poursuivons, si tous les pays adoptent, après la paix, les idées libérales qui conduisent les nations de l'Entente, il est à penser que beaucoup de ceux qui, actuellement, cherchent à quitter la patrie où ils sont nés, s'y trouveront fixés par des liens nouveaux; il est à croire que l'émigration en sera puissamment diminuée et que le mouvement qui entraînerait les Juifs vers un pays nouveau en sera arrêté.

Mais ce serait une illusion de croire qu'une telle révolution puisse se produire à brève échéance. Il y aura donc un mouvement qui continuera à entraîner les Juifs hors des terres où ils sont persécutés. Cela suffit, Messieurs, à affirmer résolument la décision du Gouvernement de la République qui tient à ce que, ne restât-il qu'un seul Juif persécuté, sa libération soit assurée; et, ce mouvement existant, il souhaite que les Juifs de France viennent marquer d'une façon tangible, en dehors même de ses Représentants, l'intérêt qu'ils attachent à la cause Sioniste, qui est une grande cause idéale.

Mais il compte sur vous, il compte sur votre influence libérale, pour qu'un mouvement généreux n'ait pas pour effet la persécution des populations habitant actuellement la Palestine. Il y aura une entente à établir, des droits à ménager, une coopération à créer. Nous savons assez ce qu'est, à ce point de vue, la générosité de vos aspirations pour ne pas douter que ces divers points seront pris par vous en considération.

La France de la Révolution se devait à elle-même d'être la première à tracer le chemin aux autres pays, elle ne pouvait donc hésiter, et je suis heureux de vous dire, au nom de son Gouvernement, qu'elle s'associe de plein cœur, et qu'elle vous demande de vous associer efficacement, aux efforts qui sont tentés pour assurer définitivement et d'une manière pratique, la création en Palestine d'un foyer où vous pourrez retrouver toutes les traditions qui vous sont les plus chères.

UNE RENAISSANCE JUIVE
EN JUDÉE

Une plaine de sable fertile au long de la Méditerranée; un chaos d'âpres montagnes qui surgissent d'un seul bond parallèlement à la mer; un couloir encaissé, effondré au-dessous du niveau de la mer, où descend le Jourdain et où dort la mer Morte : c'est la Judée, l'antique royaume de Juda. Au nord, les provinces d'Israël, Samarie et Galilée, attendent encore leur libérateur. Ici règne déjà la *pax britannica*. Dans ce pays où le régime turc entravait systématiquement toutes les œuvres d'intérêt public, les routes se multiplient, souvent doublées de pistes soigneusement établies; des convois de fourgons automobiles circulent en tous sens, encore secondés par d'interminables caravanes de chameaux, de mulets et d'ânes; une ligne de chemins de fer, construite en dépit des pires difficultés, traverse le désert, relie Jérusalem et Jaffa au canal de Suez, et va se nouer directement au réseau des chemins de fer égyptiens.

Un pays déconcertant. Un pays sans moyenne, où tout est contraste, opposition violente. Pour des yeux prévenus, c'est — à volonté — la terre où ruissellent le lait et le miel, aussi bien que la terre tragique où pèse encore la malédiction du déicide. Au sud, à l'est, d'immenses déserts étreignent la contrée; puis, des zones demi-désertiques, que le travail humain améliore, en attendant de les gagner à la grande culture; autour de Jaffa, entre la mer et la montagne, un paradis où la nature se prodigue; orangers, vignes, amandiers, palmiers, blé, maïs, légumes, tout y pousse à l'envi sur un sol qui ne se lasse pas de produire. La montagne, déboisée, nue, aride, rongée de soleil, ravagée de pluies, n'a que de rares jardins où l'olivier prospère. Huit mois de soleil implacable, du printemps à l'automne.

Quatre mois d'ondées diluviennes, au cours de l'hiver. Les ruisseaux côtiers, tour à tour torrents et ravins desséchés. Jérusalem, juchée sur ses hauteurs au cœur du massif, « regarde par-dessus l'épaule des montagnes » à l'ouest la Méditerranée violette, bordée d'une frange éblouissante de dunes, à huit cents mètres au-dessous d'elle, tandis qu'à l'est elle domine de douze cents mètres la mer Morte, creusée dans la dépression la plus profonde du globe. Quand la neige tombe en flocons serrés sur Hébron, Jéricho, blottie contre le Jourdain, se chauffe délicieusement au soleil.

La population n'est pas plus uniforme que le pays. Les Arabes, de beaucoup les plus nombreux, sont paysans, gros propriétaires (les *effendis*), petits marchands. Les Chrétiens, Syriens, Grecs, Arméniens, etc., sont commerçants en ville, cultivateurs çà et là (par exemple autour de Bethléem), sans parler des couvents, avec leurs vastes exploitations. Enfin, les Juifs, au nombre de cinquante mille environ (je ne parle que de la Judée), un chiffre médiocre, mais tout un monde, et un monde presque indéchiffrable, même aux initiés. Un microcosme, où se réfléchit une bonne partie de l'univers entier.

Les communautés juives que la « dispersion » a semées au hasard un peu partout se répartissent en vertu d'une ancienne tradition entre deux groupes : Achkenaz et Sefarad. Les Achkenaz sont ceux que les persécutions du moyen âge ont refoulés dans l'Europe centrale et l'Europe orientale, entre le Rhin et le Caucase; leur parler propre est le *yiddisch,* un patois germanique imprégné de vocables hébreux. Les Sefarad descendent des familles espagnoles que le fanatisme a proscrites vers la fin du quinzième siècle et qui ont cherché un refuge tout autour de la Méditerranée, au Maroc, aux Balkans, en Syrie, en Egypte; après quatre siècles d'exil, ils ont conservé fidèlement l'usage de la langue espagnole dans la vie privée. Achkenaz et Sefarad se subdivisent en groupes nationaux fortement différenciés : coutumes et costumes séparent l'Allemand du Hongrois, le Polonais du Lituanien ou du Galicien, le Roumain du Russe; chez les Sefarad, la distinction est plus tranchée encore entre le Marocain et le Bulgare, le Syrien, le Yéménite, le Bagdadien. Pourtant, de part et d'autre, Achkenaz et Sefarad forment chacun un ensemble assez nettement défini. L'Achkenaz est plus brillant, plus rapide, plus souple d'esprit, individualiste à outrance, avancé d'idées, souvent exalté, peu soigneux de sa tenue; le Sefarad est plus pondéré, plus discipliné, plus lent d'allure, plus scrupuleux, plus propre.

De toute cette population, pas un élément qui soit ancien dans le pays. Éternel champ de bataille de toutes les rivalités, la Palestine n'a jamais connu, depuis la chute de Jérusalem, une ère durable de prospérité; les rares et courtes périodes de détente y ont toujours été suivies de retours formidables. En dépit d'un mouvement d'immigration entretenu par la piété et secondé par les expulsions, la population juive de la Palestine entière n'était évaluée, au milieu du dix-neuvième siècle, qu'à douze mille âmes environ, la moitié à Jérusalem, le reste à Safed, Tibériade, Hébron, Naplouse, et les ports de la côte: Jaffa, Acre Caïffa. En un demi-siècle, le chiffre a presque décuplé. La valeur des immigrants a changé plus encore que leur nombre. Jadis, on venait en Palestine surtout pour mourir en Terre-Sainte; des vieillards, définitivement sortis de l'activité, venaient y attendre, dans le recueillement et la prière, l'heure de s'endormir dans la vallée de Josaphat. Des rabbins, illustrés par leurs œuvres ou pour leurs succès d'enseignement, venaient aussi poursuivre, sur le sol sacré, dans une atmosphère bénie, les discussions talmudiques dont avaient retenti les ghettos de Prague ou de Vilna. Les bonnes âmes, que des intérêts matériels rivaient à la terre d'exil, trouvaient du moins l'occasion de se sanctifier en soutenant de leurs aumônes les juifs palestiniens. Peu à peu, la quête et la répartition s'organisèrent méthodiquement, comme une entreprise commerciale; chaque groupement avec ses collecteurs patentés, qui circulaient sur toute la surface du globe, encaissaient, prélevaient leur commission, et ses participants, qui recevaient, au prorata de leurs mérites, leur quote-part de la recette. Tel est le système de la *Halukka*, qui a si gravement compromis à la longue, la dignité morale du judaïsme palestinien.

*
**

L'entrée des juifs dans la vie publique en Occident, à la suite de la Révolution française, ne tarda pas à exercer une réaction heureuse sur les juifs d'Orient. En 1860, l'Alliance Israélite Universelle se fonde à Paris; inspirée par un sentiment de reconnaissance envers le pays qui a proclamé l'émancipation, animée par cet esprit de large humanité qui marque la civilisation française, elle se propose avant tout de répandre dans les communautés lointaines et arriérées l'instruction morale et professionnelle qui forme les caractères et qui ennoblit le travail. Dès 1870, elle crée en Palestine une école d'agriculture, Mikveh Israël, dans la banlieue de Jaffa; en 1882, elle ouvre à Jérusalem même, dans ce sanctuaire de la mendicité, une école d'arts et métiers (mécanique, forge, menuiserie, tissage, etc.). L'initiative était d'une audace provocante; on entrait en guerre contre le préjugé, commun dans tout l'Orient, qui flétrit le travail, et surtout le travail manuel, comme une dégradation de la sainteté. Le succès dépassa toutes les espérances: de l'Egypte aux Balkans et à la Mésopotamie, une multitude d'élèves s'empressèrent vers les institutions nouvelles. La Palestine eut des chefs de culture, des ouvriers, des artisans juifs.

Au même moment, le jeu des événements en Europe orientale tournait vers la Palestine des forces nouvelles. Après l'assassinat du tsar Alexandre II, en 1881, la réaction affolée inaugurait le régime des pogroms, et couronnait ses massacres par les fameuses lois de mai (1882) qui mettaient au ban les six millions de juifs russes. En Roumanie, les passions antisémites, encouragées par Berlin et par Saint-Pétersbourg, sévissait avec autant de rage et plus d'adresse. Rejetés du sein des nations où ils s'étaient crus enfin admis, les juifs de la Russie et de la Roumanie s'orientèrent vers la terre des aïeux, longtemps oubliée. Des équipes d'étudiants chassés de l'Université s'improvisèrent colons, et partirent pour défricher le sol de la Palestine. Mais leur enthousiasme ne suffisait pas à compenser leur inexpérience. Les parcelles de terrain, difficilement acquises, désignées par des noms hébraïques où s'affirmait la foi nationale (Petach-Tikvah « la Porte de l'Espérance », Richon-le-Zion « le Début vers Sion », etc.), avaient absorbé sans fruit les capitaux recueillis ; le désastre était imminent, quand intervint M. Edmond de Rothschild. Acquis par tradition de famille aux entreprises nobles et charitables, sincèrement attaché à l'idéalisme juif, il n'apporta pas seulement le concours de sa fortune, mais aussi l'ardeur généreuse d'un dévouement vraiment paternel. Grâce à lui, Paris devint le centre du développement juif en Palestine. Les « colonies » s'étendirent, se fortifièrent, se multiplièrent, en Judée, en Samarie, en Galilée, et jusqu'au delà du Jourdain. La *colonie* est un phénomène exclusivement palestinien ; c'est un village juif, et qui n'est que juif. Si, dans l'aridité désolée de la campagne, on voit surgir un nid de verdure florissante, des bouquets d'arbres, des allées régulières, des orangeries soigneusement entretenues, des moissons hautes et drues, des vignobles cultivés à la française, des maisons du type européen, aux murs bien blancs percés de fenêtres régulières, on est certain qu'on approche d'une colonie. Les unes sont de véritables bourgades, comme Petach-Tikvah avec ses 2,741 âmes ; d'autres sont d'authentiques villages comme Maskereth-Batchiya avec 316 âmes ; d'autres enfin, presque des hameaux comme Nes-Zionah avec 199 habitants. La population y est normalement formée de trois éléments : les colons, les ouvriers des champs, les yéménites.

Il ne faut pas, sous l'empire de nos habitudes, s'imaginer le colon comme une sorte de paysan français. Notre paysan a ses racines dans le sol natal ; il lui est attaché par de longs siècles de labeur ; il est inséparable de la nature qui l'encadre. Le colon de Palestine a beau descendre, par une filiation plus ou moins assurée, d'ancêtres qui ont occupé le pays il y a deux mille ans ou davantage, il a beau conserver leurs croyances, leurs rites, leurs usages et même ressusciter leur langue, il a changé sur la route. Les rigueurs du fanatisme lui ont interdit depuis longtemps la vie au plein air, elles l'ont enfermé dans les villes, et dans leurs quartiers les plus infects; elles ne lui ont laissé, comme unique jouissance, que la culture de l'intelligence, réduite souvent encore aux plus stériles exercices. Transporté brusquement de l'obscurité du ghetto au grand soleil éblouissant de la Palestine, le colon n'a point oublié ses livres ni sa petite ville. Aux champs dès le matin, expert à manier la pelle et la bêche, cavalier prodigieux s'il s'agit de couvrir rapidement le terrain, il garde le goût des assemblées, des débats où l'esprit s'aiguise, le goût de la lecture et de l'instruction. Chaque colonie a ses conseils, et nombreux; chaque maison a sa bibliothèque; chaque colon est un agronome en réduction. Autour de lui, du reste, tout favorise ses tendances: l'anarchie turque l'oblige à organiser lui-même sa vie sociale; l'agriculture indigène, arriérée, routinière, ignorante, n'a guère à lui apprendre; son exploitation n'est donc qu'une suite d'expériences où la science vient à son secours.

L'ouvrier des champs n'est pas un type moins original; c'est presque toujours un intellectuel, souvent un bourgeois d'origine, qui s'est voué à la culture du sol pour régénérer la race. Étudiants sortis des universités, maîtres d'école diplômés en rupture de ban, ils viennent s'engager, pour des salaires parfois dérisoires, comme journaliers, comme bergers, comme gardes champêtres. Le métier, pacifique en France, comporte là-bas de gros risques; les tribus pillardes sont nombreuses. Des bandes viennent fréquemment la nuit voler les grains ou les fruits; la bataille s'engage, qui laisse sur le sol des morts et des blessés. Et comme la vendetta est arabe autant que corse, c'est une guerre qui s'allume. Les colonies les plus riches ont, pour leurs ouvriers, des maisonnettes avec des jardinets; mais il est difficile de fixer cette population d'idéalistes intransigeants. Le colon, propriétaire et homme d'affaires, leur est odieux; ils l'accusent de préférer, par esprit de lucre, la main-d'œuvre arabe, moins dispendieuse, pour tous les travaux qui ne réclament ni intelligence, ni technique. Le personnel des ouvriers comprend aussi des jeunes filles de formation identique, animées de la même inspiration ; à les voir travailler dans leur ample tunique, la chevelure flottante, les pieds nus sur le sol rugueux, les yeux en flammes, elles évoquent, sans en être éclipsées, les figures bibliques d'une Rébecca ou d'une Ruth.

⁂

Passé de la phase religieuse à la phase agricole, le judaïsme de Palestine a poursuivi le cycle de son évolution ; sous l'action du sionisme, il est entré dans la phase urbaine. Le sionisme, en tant que mouvement systématique et organisé, date de 1895. Comme l'antisémitisme officiel du gouvernement russe avait provoqué la poussée vers les « colonies » en 1881-1882, le réveil de l'antisémitisme politique en France donna naissance au sionisme, et Paris en fut le berceau. Témoin des excès déchaînés par l'affaire Dreyfus dans le pays même qui avait proclamé les droits de l'homme et promu ses juifs au rang de citoyens. Théodore Herzl, correspondant autrichien de la *Neue Freie Presse*, crut la cause de l'assimilation définitivement perdue ; que pouvait-on attendre des autres patries, si la France même faisait faillite à ses plus nobles traditions ? Condamnés à ne vivre qu'entre eux, les juifs devaient travailler à la création d'un État juif, qui leur assurerait en tout temps un foyer et une sauvegarde, la sécurité, la dignité, le maintien des traditions héréditaires et du génie « national ». Dans son œuvre de propagandiste, menée sans relâche à travers toute l'Europe, Herzl révéla un véritable génie d'organisation. Son ouvrage, l'*État juif*, écrit en 1895, parut en allemand, à Vienne, en 1896 ; dès 1897, un congrès réunissait à Bâle les représentants autorisés des groupements sionistes. Et les congrès se suivirent, d'année en année d'abord, puis, après 1901, tous les deux ans. Herzl, par prudence, s'était gardé de rien préciser sur le territoire du futur État juif ; mais les circonstances l'obligèrent à prendre position. En 1903, le gouvernement britannique offrait l'Est Africain aux sionistes pour y établir une colonie juive autonome sous la suzeraineté de l'empire. Herzl était enclin à accepter ; mais une opposition farouche le lui interdit. Le sionisme entendait réaliser son programme en Palestine exclusivement ; pour le réaliser, pour atteindre les fins politiques qu'il s'était proposées, il devait multiplier les manifestations de son activité en Terre-Sainte. La fondation d'une banque, l'Anglo-Palestine, marquait sa volonté d'aborder les grandes entreprises. Malgré ses origines démocratiques, malgré ses tendances socialistes, le sionisme ouvrait la voie aux hommes d'affaires. La Palestine vit arriver de l'Europe orientale des familles bourgeoises, qui n'avaient pas, en émigrant, renoncé aux avantages de la vie bourgeoise. La création d'une ville juive, Tel-Aviv, répond à l'entrée en scène d'une nouvelle classe.

En 1905 une société coopérative se constituait à Jaffa pour acquérir en dehors de la ville, sur la lisière nord-est, un vaste terrain sablonneux qui descendait vers la mer. La surface acquise se trouva bientôt insuffisante ; il fallut par la suite la tripler. Tel-Aviv « la Colline du Printemps » (désignation purement littéraire, car le terrain est tout plat) était déjà, en 1914, avant la guerre, une ville de 4.000 habitants avec près de 400 maisons. Les rues, qui se coupent à angle droit, sont plantées d'arbres ; le propriétaire ne peut utiliser que le tiers de son terrain pour bâtir ; tout le reste est réservé comme jardin. Aucune construction ne doit dépasser plus de deux étages. Les appartements, destinés à la vie bourgeoise du type européen, sont adaptés aux nécessités du climat oriental. L'eau est pompée dans les profondeurs du sol et portée par une puissante machine dans un château d'eau, est distribuée dans toutes les habitation. La rue centrale porte le nom du créateur du sionisme, Herzl ; elle est traversée par le boulevard Rotschild, où la chaussée est sur presque toute sa largeur occupée par un jardin public. Pas de boutiques, en principe ; les fournisseurs vivent sur les confins, en dehors du centre, car la petite ville a des quartiers plus ou moins aristocratiques. Tous les soirs, dans la belle saison, tout Tel-Aviv sort de chez soi vers sept heures, et monte et redescend sans fin la rue Herzl. Et la guerre mêle à cette foule, déjà si bigarrée, des Anglais, des Australiens, des Hindous, même des uniformes français, le khaki et le bleu-horizon. La population est toute juive, sans aucun règlement de proscription; le personnel de tous les services est juif, depuis le secrétaire de la mairie jusqu'au balayeur, un juif de Géorgie. Mais ce qui marque Tel-Aviv d'une empreinte vraiment juive, c'est que l'édifice central, autour duquel rayonne toute la ville, est un établissement d'instruction, le gymnase Herzl; le bâtiment, de style mauresque, n'a rien d'original; mais la place d'honneur qui lui est attribuée à la valeur d'un symbole. Le yiddisch n'a qu'un seul mot, la « schoule » pour désigner l'école et la synagogue. La synagogue de Tel-Aviv, abritée dans un baraquement de bois, attend encore le monument qui lui est promis; le gymnase a été ouvert dès 1907.

Dans le monde juif de la Palestine, Jérusalem elle-même est encore un monde, avec sa physionomie originale. Numériquement, la population juive de Jérusalem égale en importance tout le reste de la population juive en Palestine; à elle seule, elle forme environ les deux tiers de la population de la Ville-Sainte. En 1827, elle comptait un peu moins de 600 âmes; elle a centuplé depuis. Avant la guerre, elle avait dépassé 60.000. L'exil, la misère, la faim l'ont réduite à 25.000 environ. Population internationale, comme tout l'est à Jérusalem, mais aussi dans la mesure où tout l'est à Jérusalem.

Dans cette cité de Dieu, également sacrée pour trois des grandes religions de l'humanité, les nations se rencontrent plus pour s'affirmer que pour se confondre.

Les juifs sont groupés en communautés d'origine, et chaque communauté a son quartier. Dans la vieille Jérusalem, les Marocains et les Caraïtes; les Hongrois, les Persans, les Yéménites, les Géorgiens, les Boukhariotes.

Entre ces hommes venus de tous les points de l'horizon, il fallait trouver un moyen d'échange. L'hébreu s'offrit, et triompha.

L'hébreu n'était pas seulement resté la langue sacrée du judaïsme après la dispersion ; l'étude des textes sacrés, qui constituent le fond de la vie intellectuelle aussi bien que de la vie religieuse dans les communautés de l' « exil », maintenait l'hébreu comme une langue réelle et vivante, plus ou moins familière à toutes les classes de fidèles. Pendant tout le moyen âge, la littérature hébraïque ne cessa pas de s'enrichir : outre les théologiens et les érudits, elle eut aussi des poètes qui puisèrent leur inspiration non seulement dans la Bible, mais encore dans la vie profane journalière. Le romantisme allemand, à la fin du dix-huitième siècle, avec son goût de couleur locale et d'orientalisme, provoqua un réveil de l'activité littéraire en langue hébraïque ; on vit surgir une « Moïsiade », pour faire pendant à la Messiade de Klopstock. En même temps, le mouvement philosophique des encyclopédistes ébranlait les vieilles croyances jusque dans les ghettos de Pologne et de Russie ; l'hébreu perdait son prestige sacro-saint, s'humanisait, se vulgarisait. En 1847, les *Mystères de Paris*, traduits en hébreu, initiaient aux émotions du roman un public longtemps confiné dans des lectures plus sévères. Le mouvement ne s'arrêta plus : une nouvelle littérature hébraïque naquit et se développa. La réaction antisémite en Russie, inaugurée avec le règne d'Alexandre III, donna au mouvement une portée imprévue. Chassée impitoyablement des gymnases et des universités, définitivement retranchée de la vie nationale et russe, la jeunesse juive se rejeta d'un élan passionné dans la vie juive pour s'y refaire une vie nationale durable : des écoles hébraïques s'ouvrirent en grand nombre ; des sociétés s'improvisèrent qui préparèrent et publièrent en hébreu des livres classiques. De la Russie, le réveil hébraïque se propagea bientôt par les émigrants en Palestine. Des pédagogues aux âmes d'apôtres ne dédaignèrent pas de s'employer dans les plus humbles écoles pour gagner les enfants à la langue hébraïque et l'imposer par eux aux parents. Ils y réussirent ; le succès fut si brillant qu'en 1906 une société se formait pour établir un gymnase hébraïque. Ouvert dès 1907, à Jaffa, le gymnase Herzl comptait en 1911, 700 élèves, avec un cours complet d'enseignement secondaire en hébreu. Un autre gymnase était ouvert en 1909, à Jérusalem. Déjà de nouveaux besoins se manifestaient : la Palestine réclamait un institut technique. Les 60.000 livres nécessaires furent réunis sans peine. Le Hilfsverein allemand, gagné en apparence à la cause de l'hébreu, avait fourni le quart de la somme. A ce prix, il s'était assuré la majorité dans le comité de direction. Une fois sûr de sa force, le Hilfsverein abattit le masque : il prétendit restreindre la part de l'hébreu et introduire l'allemand à sa place, tant dans l'institut technique que dans l'école secondaire annexe (octobre 1913). En réponse à l'outrecuidance germanique, maîtres et élèves, soulevés par une commune indignation, quittèrent partout les écoles du Hilfsverein ; pour les remplacer, on créa de nouvelles écoles hébraïques à Jérusalem, à Jaffa, à Caïffa ; une école normale fut ouverte à Jérusalem. Aujourd'hui, l'hébreu a cause gagnée, il est désormais la langue juive de la Palestine. Ce n'est pas seulement en classe que les enfants parlent l'hébreu, écrivent l'hébreu, chantent en hébreu ; c'est en hébreu qu'ils jouent, qu'ils causent, qu'ils se taquinent dans les rues ; le bébé qui se traîne encore par terre babille en hébreu. C'est en hébreu qui se traitent les affaires, soit privées, soit publiques ; c'est en hébreu que se tiennent les discussions scientifiques, et les vieilles gens qui s'étaient trop longtemps contentées de leur yiddisch ou de leur espagnol n'ont pas d'autre ressource que de prendre des leçons d'hébreu.

L'incident du Technicum de Caïffa met en relief l'anomalie de la vie palestinienne. Les œuvres locales ne peuvent pas compter sur les ressources locales. La Palestine, dans l'ensemble, est pauvre ; elle n'a eu longtemps pour industrie que la mendicité. Aujourd'hui encore, la plupart des institutions ne vivent que des aumônes reçues de l'étranger. Un fonctionnaire spécial, généralement désigné sous le nom de secrétaire, est chargé d'adresser des appels et des circulaires aux bonnes âmes du monde entier ; il est le détenteur d'une liste dressée minutieusement, soigneusement tenue à jour, une sorte de Bottin secret de la bienfaisance, où s'alignent tous les noms qu'on peut utilement solliciter selon la nature spéciale de l'œuvre; la charité, on le sait, a ses vocations et ses goûts, qu'il s'agit de savoir exploiter. La possession d'un pareil répertoire vaut un titre de rente: elle assure un emploi lucratif, inamovible et pratiquement héréditaire. En outre, des quêteurs circulent à travers les cinq parties du monde, délégués patentés des institutions et des communautés, largement défrayés et payés, au surplus, d'un pourcentage sur les recettes. L'Orient persiste à croire, comme faisait notre moyen âge, que l'aumône est un droit attaché à la sainteté; le travail, et surtout le travail manuel, est une dégradation. La Terre-Sainte confère à ses habitants un brevet de sainteté qu'il est simplement juste de monnayer. Au reste, les subventions viennent au-devant des sollicitations; partout le judaïsme tient à honneur de concourir à l'entretien et au développement de la Palestine.

Mais la Palestine n'entend pas plus être la chose du Sionisme que de l'Alliance ou du Hilfsverein. Elle prétend rester maîtresse de ses propres destinées. Par un effort incessant, elle élabore une organisation spontanée, et elle y réussit. Nulle part, la vie publique n'est aussi active; nulle part, on ne tient autant de réunions, de séances, de conférences, de meetings. Au premier abord, la journée ne semble être que palabres perpétuels. Mais cette effervescence verbale répond à un bouillonnement d'idées et de doctrines en voie de se réaliser. Le régime turc, par son anarchie et son inertie même, a secondé ce développement; il laissait tout à faire, et justement à des gens impatients d'agir. Il n'est pas jusqu'aux vicissitudes de la guerre qui n'aient fortifié cette tendance. Coupés tour à tour, par l'occupation turque, de leurs coreligionnaires anglais, français, italiens, et par l'occupation anglaise de leurs coreligionnaires austro-boches, les juifs de Palestine ont appris à se passer, au moins en partie et pour un temps, de leurs protecteurs; ils ont pris goût à s'administrer eux-mêmes. Les colonies ont déjà une tradition de vie municipale; chacune d'elles a son conseil communal (*Vaad*) élu tous les ans par tous les habitants; une commission des contributions répartit, au prorata des revenus individuels, les impôts dus globalement à l'État et ausi les impôts dus à la colonie pour l'eau, la voirie, le médecin, le pharmacien, les écoles ; une commission scolaire règle les programmes, engage les professeurs, contrôle le travail des élèves ; une commission de police préside à la défense des biens contre les pillards indigènes ; elle dispose d'un corps de solides gaillards, les Chômér, qui campent en pleins champs, de jour et de nuit, le fusil à la main, et qui ne craignent pas d'engager contre les bandits des batailles en règle, qui souvent laissent des morts sur le sol. Un tribunal de paix (*Michpat-Hachalom*) règle les contestations entre colons ; il n'est pas rare que les Arabes acceptent son arbitrage. La ville de Tel-Aviv est régie par une administration du même type. A Jérusalem, où l'autorité britannique a constitué un conseil municipal officiel, qui réunit des représentants de toutes les confessions, la population juive a voulu avoir en particuliers, le Vaad A'ïr élu sur la base des groupements professionnels ; Achkenaz et Séfarad, y siègent côte à côte, rivaux jadis, émules aujourd'hui. La Palestine a même un conseil général de l'instruction publique, le Vaad Arinouch, créé un an avant la guerre, qui contrôle presque toutes les écoles du pays et qui travaille à unifier méthodes et programmes. Un conseil temporaire, Vaad Azemani, qui siège à Tel-Aviv, administre pendant la durée de la guerre les intérêts généraux des colonies et des établissements urbains. Enfin, le 17 juin dernier, une « Assemblée préconstituante » s'est ouverte à Tel-Aviv ; élue sur la base des groupements professionnels, elle comptait environ 150 membres ; l'étonnante variété de ses éléments donnait, dans un puissant raccourci, l'image authentique de la société juive en Palestine. Les débats, qui ont duré trois jours, n'ont été ni vides, ni stériles. L'assemblée a entendu et discuté une série de rapports d'ensemble sur l'administration, les finances, l'instruction, l'agriculture ; elle a chargé un comité de préparer les élections pour la Constituante qui doit se réunir dans trois mois ; le droit de vote a été étendu aux femmes.

Une force naît, grandit, trouble encore, riche de pro

messes. Une renaissance? Peut-être. Le génie juif n'a perdu ni sa vigueur, ni son originalité; le mouvement qui veut tout renouveler sous prétexte de retour aux traditions s'étend jusqu'aux arts, comme dans l'Europe du quinzième siècle. L'école de Bezalel, à Jérusalem, croit de bonne foi tirer de « l'art moderne » une sculpture, une joaillerie, une décoration juives; l'école de musique de Jaffa prétend extraire des chants populaires et religieux disséminés à travers le monde juif une inspiration nationale. Art national, langue nationale, vie nationale; partout le mot d'ordre est : national. Le piquant, sinon le poignant de l'affaire, c'est que ce mot d'ordre est lancé, proclamé, répété, applaudi par des hommes qui ne peuvent ni comprendre, ni deviner tout ce que contient, pour leurs contemporains occidentaux, le nom de nation. Levantins de la Méditerranée ou Orientaux de l'Europe continentale, ils ont vécu dans des Etats amorphes, dans des agglomérations sans cohésion profonde, nées au hasard des guerres, prêtes à s'effondrer au hasard des guerres; dans de pareilles sociétés, la nation est avant tout un groupe confessionnel; nation grecque, nation latine, nation arménienne sont dans le Levant des rubriques d'église, tout comme Russe signifie orthodoxe et Polonais catholique romain à l'est de la Prusse luthérienne. La nation juive serait alors l'ensemble des croyants de la synagogue. Et de fait, depuis près de deux mille ans que les juifs ont cessé de former un Etat, c'est la communauté de croyances et de pratiques qui a maintenu leur unité dans la dispersion. Mais le réveil actuel entend bien se désintéresser de la religion.

Déjà l'Alliance Israélite s'était vu dénoncer par les orthodoxes des pays germaniques comme une œuvre d'impiété: le sionisme a dépassé l'Alliance en hardiesse; ses écoles ne laissent pas de place à l'enseignement religieux; l'usage de l'hébreu comme langue vulgaire est un attentat sacrilège contre la langue dont Dieu lui-même s'était servi pour parler à Moïse. L'aile religieuse du Sionisme, le groupe des Mizrachi, qui entretient des écoles spéciales, ferait pouffer de rire ou hurler de scandale les talmudistes des Yechiba, éternellement occupés à réciter, enseigner, commenter, discuter le Talmud en vociférant à l'envi dans leurs salles d'étude. L'atmosphère religieuse des ghettos d'hier laissait encore fleurir les vertus familiales qui sont l'honneur incontesté d'Israël ; mais l'oppression et la servitude millénaires ne forment pas les âmes aux qualités viriles qu'un pays libre réclame de ses citoyens. Le Levant n'a déjà produit que trop de sociétés où l'intelligence est affinée, vive et souple, mais où l'intelligence est la seule valeur de classement, ouvertes à toutes les intrigues, portées par goût aux manœuvres et aux combinaisons, sans le contre-poids d'une tradition consacrée et de l'honneur collectif. Je ne veux point insinuer que la Palestine juive en soit à ce point ; nous avons dans nos armées, sur notre sol, trop de jeunes gens qui sont venus librement défendre la France dès 1914 : plus d'un s'est inscrit au glorieux martyrologe de la guerre. Et tout récemment encore, en juin dernier, quand le gouvernement britannique a enfin autorisé le recrutement des volontaires juifs en Palestine, Jérusalem et Jaffa, pourtant vidées en bonne partie par le typhus et les déportations, ont fourni près d'un millier d'hommes : Palestiniens, Yéménites, Persans, Marocains, Balkaniques, Boukhariotes, Egyptiens d'origine ont donné leur appoint au contingent, malgré la sourde hostilité de certains clans. Mais cette généreuse poussée d'esprit vraiment national risquerait d'être étouffée sous un afflux trop rapide d'éléments nouveaux, travaillés par l'esprit d'anarchie et de lâcheté qui s'est incarné dans le bolchevisme. Et le péril serait grave pour le monde entier dans la Palestine, au milieu d'une multitude musulmane susceptible d'un réveil de fanatisme, au contact des Lieux Saints, où survit encore un peu de l'esprit des Croisades, au bord de la Méditerranée plus qu'aux trois quarts européenne, aux portes de l'Egypte africaine, de l'Arabie, de la Syrie et de la Mésopotamie asiatique.

Les questions de Palestine sont ainsi des questions mondiales ; il est à souhaiter que la Société des nations réalise sa première tentative sur cette Terre-Sainte qui appartient à l'histoire, à la légende, à la foi de tant de peuples. La France peut et doit revendiquer sa part légitime d'influence dans l'œuvre commune; elle n'est pas seulement la protectrice traditionnelle des intérêts catholiques en Orient; elle n'a pas seulement servi la cause de la civilisation en amenant à la culture latine les peuples méditerranéens qui lui étaient étrangers et réfractaires d'origine; du point de vue juif, elle n'est pas seulement la première patrie qui ait fait confiance aux juifs abhorrés; elle peut exercer sur la renaissance juive une influence décisive. A travers toutes ses crises, le judaïsme reste toujours tiraillé entre deux tendances: l'une, inspirée de Moïse, tend à refouler le peuple élu dans son isolement ethnique, à multiplier les barrières qui le séparent des nations; l'autre, héritière des prophètes, tend une main fraternelle à l'humanité pour marcher de concert au-devant de la justice triomphante. Le génie français, avec sa passion d'humanité universelle qui s'exprime dans ses classiques comme dans sa Révolution, est le plus proche parent de l'esprit messianique; il est sa sauvegarde naturelle contre les sectaires qui n'ont jamais renoncé à l'étouffer.

Jérusalem, juillet 1918.

———

Ligue des Amis du Sionisme

La Ligue des Amis du Sionisme a pour objet :

1° De faire connaître le mouvement sioniste, son organisation et les buts qu'il poursuit ;

2° De renseigner sur les moyens employés pour les faire aboutir, notamment sur les colonies agricoles, sur les écoles d'enseignement primaire, secondaire, technique et supérieur (Université) et sur les institutions économiques et sociales, fondées ou à fonder par les Juifs en Palestine ;

3° De travailler, en accord avec les Gouvernements de la République Française, de la Grande-Bretagne, des Etats-Unis d'Amérique, d'Italie et des autres Etats de l'Entente, à la mise en œuvre du programme énoncé par M. Balfour, ministre des Affaires Etrangères de Grande-Bretagne à la date du 2 novembre 1917, en ces termes : « Le Gouvernement de Sa Majesté envisage favorablement l'établissement, en Palestine, d'un foyer national pour les Juifs (*a national home for the jewish people*) et emploiera tous ses efforts pour en faciliter la réalisation étant, d'ailleurs, clairement entendu qu'il ne sera porté aucune atteinte aux droits des collectivités non-juives établies présentement en Palestine, non plus qu'à ceux dont jouissent les Juifs dans tout autre pays », — et par M. Pichon, Ministre des Affaires Etrangères de France, déclarant, à la date du 9 février 1918, que « l'Entente est complète entre les Gouvernements français et britanniques en ce qui concerne la question d'un établissement juif en Palestine ».

La ligue et son comité directeur comprennent des personnes appartenant à tous les partis politiques et à toutes les confessions religieuses.

Composition du Bureau

Président: M. Maurice Vernes, Président de l'Ecole pratique des Hautes-Etudes, Sciences religieuses, à la Sorbonne;

Vice-Présidents: Le capitaine René Franck; M. Adolphe Malye, professeur au Lycée Pasteur;

Secrétaire général: M. André Spire, ancien auditeur au Conseil d'Etat;

Secrétaire général adjoint: M. Baruch Hagani;

Secrétaire du Comité: M. Roger Lévy;

Trésorier: M. Gabriel Ardant.

Ont, dès à présent, donné leur adhésion:

M. le Colonel Auscher; le D' Armand Bernard; Lieutenant Jean-Richard Bloch, agrégé de l'Université; F. Brunot, professeur à la Faculté des lettres; Julien Cain, agrégé de l'Université; Christian Cherfils; Fernand Divoire, homme de lettres; Ed. Dujardin, chargé de conférences à la Sorbonne; Louis Eisenmann, chargé de cours à la Faculté des lettres; Favareille, maître des requêtes au Conseil d'Etat; Edmond Fleg, agrégé de l'Université; F. Herold, Vice-Président de la Ligue des Droits de l'Homme; Henri Hertz, homme de lettres; Jules Isaac; Gustave Kahn, homme de lettres; Mgr L. Lacroix, ancien évêque de Tarentaise; MM. Ed. Maurice Lévy, bibliothécaire à la Sorbonne; Ad. Lods, chargé de cours à la Faculté des lettres; François Monod; Paul Otlet; Pallière; Paul Raphael; Eugène Réveillaud, sénateur; le pasteur Roberty; Ch. Rolland; Léonard Rosenthal; Mlle Schach, professeur au Lycée Molière; MM. Gabriel Séailles, professeur à la Faculté des lettres; Seignobos, professeur à la Faculté des lettres; Wahl, professeur à la Faculté de Droit; Albert Thomas, ancien ministre; Médecin-major Zadoc-Kahn, etc.

Siège social de la Ligue et Secrétariat du Comité: 29, rue de Longchamp, Paris 16°.